Mariana C.

SECRETUL FERICIRII ÎN CUPLU

7 principii de aur

De la acelaș autor:

1. ,,Armonia in cuplu''
- explorează diverse aspecte ale relațiilor umane, de la comunicare și empatie, la rezolvarea conflictelor și construirea unei relații de cuplu sănătoase și echilibrate.

2. ,,Vindecarea rănilor emoționale în relații''
- este o carte profundă,care explorează complexitatea relațiilor interpersonale și impactul pe care trecutul emoțional îl poate avea asupra lor.

3. "Cum sa iti gasesti sufletul pereche"
- se adreseaza celor care își doresc sa gaseasca dragostea adevarata si sa-si gaseasca sufletul pereche.

4."Reconstruirea unei relații deteriorate"
- este un ghid util și practic pentru persoanele care se confruntă cu dificultăți în relațiile lor.

5. ,,Zâmbetul din oglindă" - este un ghid util pentru oricine dorește să-și îmbunătățească stima de sine și să-și atingă potențialul maxim.

6. "Rescrie-ți povestea" este o carte care abordează tema depășirii traumelor din copilărie și construirii unui viitor mai luminos.

7. "Umbrele trecutului" –este o carte care explorează teme precum iubirea, pierderea și curajul de a merge mai departe.

8 ,,Poveștile din copilărie" – este o carte care explorează principiile psihologiei pozitive și modul în care putem fi fericiți și mulțumiți fără să avem nevoie de motive externe pentru aceasta.

9."Povești nespuse" este o carte, care explorează diferite aspecte ale relațiilor umane și oferă o perspectivă subiectivă asupra problemelor și provocărilor cu care se confruntă oamenii în relațiile lor interpersonale.

10. "Povești nespuse" - este o carte ,care explorează diferite aspecte ale relațiilor umane și oferă o perspectivă subiectivă asupra problemelor și provocărilor cu care se confruntă oamenii în relațiile lor interpersonale.

11. "Când cuvintele nu sunt de ajuns" - cartea oferă cititorilor o mai bună înțelegere a limbajului nonverbal și îi învață cum să își interpreteze și să își utilizeze corect gesturile și expresiile faciale pentru a comunica eficient și clar.

12."Inima mea - un labirint" este o carte care te va provoca să reflectezi asupra propriei tale căutări interioare și îți va oferi o nouă înțelegere a complexității inimii umane. Este o lectură captivantă și emoționantă, care îți va rămâne în minte mult timp după ce ai închis cartea.

13"Dansul tăcerii" - este o carte fascinantă în care autoarea explorează puterea comunicării nonverbale prin intermediul gesturilor și mișcărilor corpului.

14."Înțelegându-ne fără cuvinte" - este un ghid practic și inspirațional care îți arată cum să depășești neînțelegerile în familie și să comunici mai eficient cu cei dragi.

15. "Ghidul practic pentru a te iubi și a fi iubit" - este o carte care îți oferă sfaturi și tehnici practice pentru a-ți îmbunătăți relațiile sentimentale și pentru a-ți cultiva iubirea de sine.

16. "Șoapte în vânt" - este o carte care ne provoacă să ne oprim și să reflectăm asupra modului în care comunicăm cu cei din jurul nostru, învățând că adesea a spune mai puțin poate fi mai puternic decât a spune prea mult.

"Secretul fericirii în cuplu ,7 principii de aur" este o carte scrisă de Mariana C. care explorează teme legate de relațiile de cuplu și fericirea în parteneriate. Această lucrare se bazează pe observații și cercetări, oferind cititorilor instrumente și sfaturi pentru a construi și menține o relație sănătoasă și împlinită.

Cartea este scrisă într-un stil accesibil, cu un ton prietenos și încurajator, destinată atât celor care se află la începutul unei relații, cât și celor care doresc să-și îmbunătățească relația existentă.

"Secretul fericirii în cuplu. 7 principii de aur" este o resursă valoroasă pentru oricine dorește să înțeleagă mai bine dinamica relațiilor de cuplu și să construiască un parteneriat fericit și sănătos. Prin aplicarea principiilor prezentate, cititorii au ocazia să-și transforme relația și să găsească bucuria și împlinirea în viața de zi cu zi.

PRINCIPIUL 1: *Comunicarea deschisă în cuplu.*

- Importanța comunicării eficiente în cuplu.
- Tehnici pentru a încuraja exprimarea sinceră a gândurilor și sentimentelor.
- Cum să asculți activ și să oferi feedback constructiv.

PRINCIPIUL 2: *Încrederea și respectul reciproc în cuplu.*

- Cum să demonstrezi și să câștigi încrederea partenerului.
- Exemple de comportamente care contribuie la respectul reciproc.
- Gestionarea situațiilor în care încrederea este compromisă.

PRINCIPIUL 3: *Timpul petrecut împreună în cuplu.*

- Activități și ritualuri care întăresc legătura emoțională în cuplu.
- Cum să găsești un echilibru între timpul petrecut împreună și cel petrecut separat.
- Idei pentru a reînvia intimitatea și a adăuga mai multă distracție relației.

PRINCIPIUL 4: *Acceptarea și înțelegerea diferențelor intre parteneri în cuplu.*

- Cum să gestionăm conflictele generate de diferențele dintre parteneri.
- Strategii pentru a învăța din punctele forte ale partenerului.

PRINCIPIUL 5: *Susținerea emoțională și sprijinul în cuplu.*

- Cum să fii un partener de suport în momentele dificile in relații.
- Modalități prin care să oferi și să primești sprijin emoțional.
- Rolul încurajării reciproce în realizarea visurilor și obiectivelor personale.

PRINCIPIUL 6: *Creșterea personală și călătoria comună în cuplu.*

- Cum să sprijini creșterea personală a partenerului.
- Modalități de a învăța și a evolua împreună ca și cuplu.

PRINCIPIUL 7: Învățarea continua în cuplu.

- Practici zilnice pentru învățarea continua în cuplu.
- Cum să transformi lucrurile mici în momente de bucurie.

PRINCIPIUL 1

Comunicarea deschisă
în cuplu.

PRINCIPIUL 1: *Comunicarea deschisă în cuplu.*

- Importanța comunicării eficiente în relații.
- Tehnici pentru a încuraja exprimarea sinceră a gândurilor și sentimentelor.
- Cum să asculți activ și să oferi feedback constructiv.

***

Comunicarea deschisă reprezintă unul dintre cele mai fundamentale piloni ai unei relații sănătoase și durabile. În contextul cuplului, comunicarea nu se referă doar la schimbul de cuvinte, ci la înțelegerea profundă a nevoilor, dorințelor și emoțiilor fiecărei persoane.

O comunicare eficientă contribuie la întărirea legăturilor emoționale, la reducerea conflictelor și la crearea unui mediu în care ambii parteneri se simt în siguranță să își exprime gândurile și sentimentele.

Comunicarea deschisă este esențială pentru a preveni neînțelegerile și resentimentele care pot apărea în cuplu. Atunci când partenerii își împărtășesc sentimentele și experiențele personale, se formează un climat de încredere și susținere. Aceasta le permite să își înțeleagă mai bine perspectivele și să dezvolte empatie reciprocă.

Comunicarea deschisă facilitează rezolvarea conflictelor. În loc să strângă resentimentele sau să evite subiectele dificile, partenerii pot discuta deschis problemele care îi afectează. Această abordare contribuie la învățarea unor strategii de renegociere a așteptărilor reciproce, care, la rândul lor, pot întări relația.

Comunicarea deschisă nu este întotdeauna ușoară.

Există numeroase obstacole care pot interveni:

- **Frica de judecată.**

Mulți oameni se tem că partenerul îi va judeca sau va reacționa negativ la ceea ce au de spus. Această frică poate împiedica exprimarea sinceră a gândurilor și sentimentelor.

- **Lipsa de abilități de comunicare.**

Nu toată lumea a avut parte de o educație adecvată în ceea ce privește comunicarea. Uneori, partenerii nu știu cum să își exprime gândurile sau emoțiile în mod eficient, ceea ce poate duce la neînțelegeri.

- **Conflictul dintre nevoile individuale și cele ale cuplului.**

Fiecare partener are propriile nevoi și dorințe, iar când acestea se ciocnesc, poate apărea tensiunea.

- **Stresul și oboseala.**

Viața de zi cu zi poate fi copleșitoare, iar stresul poate afecta dispoziția și disponibilitatea partenerilor de a discuta. Când suntem obosiți sau stresați, putem deveni iritabili și mai puțin dispuși să ascultăm.

Tehnici pentru o comunicare eficientă

Pentru a depăși aceste obstacole și a promova o comunicare deschisă în cuplu, există câteva tehnici care pot fi utile:

- **Ascultarea activă.**

Ascultarea activă implică nu doar auzirea cuvintelor partenerului, ci și procesarea și înțelegerea lor. Acest lucru înseamnă să îți acorzi atenția completă și să împiedici distragerea de la mesajul transmis.

- **Utilizarea „*Eu*" în loc de „*Tu*"**

Atunci când exprimi emoții sau nevoi, este mai eficient să folosești formulări care încep cu „Eu". De exemplu, în loc să spui „Tu nu mă asculți", poți spune „Eu mă simt neglijat când nu discutăm despre problemele noastre". Aceasta reduce șansele de a apărea defensivitate.

Setarea unui spațiu sigur pentru discuții.

Este important ca partenerii să aibă un loc și un moment special dedicat discuțiilor deschise, unde se simt în siguranță să își exprime gândurile și emoțiile fără teama de a fi judecați.

- **Practica empatiei.**

A înțelege perspectiva partenerului înseamnă a putea să te pui în locul lui și să simți ceea ce simte. Participând activ la emoțiile și nevoile celuiălalt, reușiți să construiți o legătură mai profundă.

- **Evitarea generalizărilor.**

Folosirea unor termeni precum „întotdeauna" sau „niciodată" poate duce la escaladarea conflictului. În loc de a face astfel de afirmații, este mai bine să discuți despre situații specifice.

- **Practica recunoștinței.**

A exprima recunoștința pentru lucrurile pe care le face partenerul poate contribui la un climat pozitiv și încurajator. Recunoștința deschide calea către o comunicare mai deschisă și mai sinceră.

Un alt aspect vital al comunicării deschise este respectul. Fiecare partener trebuie să simtă că opinia și emoțiile sale sunt validate. Chiar și atunci când există dezacorduri, respectul reciproc este esențial pentru a menține o comunicare sănătoasă. Atunci când partenerii se respectă, pot aborda subiecte mai delicate fără frica de represalii sau critici.

Comunicarea deschisă este esențială pentru o relație de cuplu sănătoasă și fericită. Prin ascultare activă, empatie și respect reciproc, partenerii pot crea un climat propice discuțiilor sincere. Este important să recunoaștem și să depășim obstacolele care apar în comunicare, folosind tehnici eficiente pentru a promova o exprimare deschisă a gândurilor și emoțiilor.

O relație bazată pe comunicarea deschisă nu doar că ajută la rezolvarea conflictelor, ci și la întărirea legăturii emoționale dintre parteneri. Fiecare pas spre îmbunătățirea comunicării contribuie la construirea unei relații mai puternice și mai împlinite, în care fiecare partener se simte apreciat și înțeles. Eforturile depuse în comunicarea deschisă vor da roade nu doar în momente de dificultate, ci și în cele de bucurie, întărind legătura dintre parteneri și construind o fundație solidă pentru viitor.

Povestea lui Andrei și Maria

Andrei și Maria erau căsătoriți de cinci ani, dar începuseră să simtă o distanță între ei. Într-o zi, Andrei a observat că Maria părea mai tăcută și mai distantă.În loc să o întrebe ce s-a întâmplat, a început să se teamă că ceva este în neregulă și și-a retras și el afecțiunea. Într-o seară, în timp ce pregăteau cina, Andrei a decis să înfrunte situația și să-i spună Mariei cum se simte. A întrebat-o despre gândurile și sentimentele ei, iar Maria a început să plângă. A povestit despre anxietatea ei legată de un proiect profesional important.

 Discuția le-a adus apropiere și încredere, iar de atunci, au învățat să mențină o comunicare deschisă, clarificând neînțelegerile înainte ca acestea să crească.

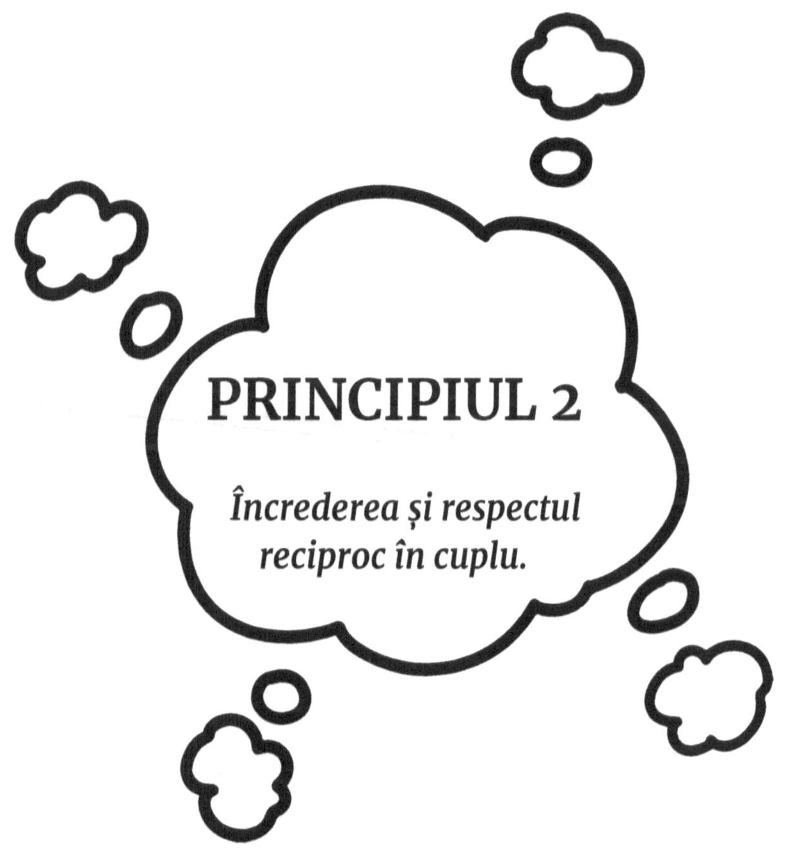

PRINCIPIUL 2

Încrederea și respectul
reciproc în cuplu.

PRINCIPIUL 2: _Încrederea și respectul reciproc în cuplu._

- Cum să demonstrezi și să câștigi încrederea partenerului.
- Exemple de comportamente care contribuie la respectul reciproc.
- Gestionarea situațiilor în care încrederea este compromisă.

*****

Într-o relație de cuplu, încrederea și respectul reciproc sunt fundamentale pentru construirea unei legături sănătoase și durabile. Aceste două valori nu doar că îi definesc pe cei doi parteneri, ci contribuie semnificativ la bunăstarea lor emoțională și psihologică. De-a lungul acestui text, vom explora importanța încrederii și respectului reciproc, modul în care acestea se manifestă în relații, precum și strategiile prin care pot fi cultivate și menținute.

Ce este încrederea?

Încrederea este un element esențial într-o relație. Aceasta se referă la credința că partenerul nostru va acționa în moduri care sunt favorabile sau cel puțin nu dăunătoare pentru noi. Încrederea se construiește în timp, prin experiențele și interacțiunile pe care le avem cu celălalt. De multe ori, ea depinde de transparență, de sinceritate, dar și de coerența comportamentului partenerului. O relație bazată pe încredere le oferă ambilor parteneri siguranța că pot fi vulnerabili unul în fața celuilalt.

Etapele construirii încrederii

1. *Cunoașterea reciprocă.*
Procesul de cunoaștere este esențial pentru a realiza o conexiune profundă. Aceasta implică nu doar conversații, ci și activități comune care ajută la consolidarea legăturii emoționale.

2. *Comunicarea deschisă.*
O comunicare transparentă este cheia încrederii. Partenerii ar trebui să fie capabili să își exprime gândurile și sentimentele fără frica de a fi judecați.

3. *Experiențe partajate.*
Trecerea prin diverse experiențe – fie ele pozitive sau negative – ajută la întărirea legăturii și la creșterea încrederii.

4. *Coerența comportamentului.*
Stabilitatea comportamentului și a atitudinii contribuie semnificativ la construirea încrederii. Dacă promisiunile sunt respectate și acțiunile sunt aliniate, încrederea va crește.

Îndoielile apar deseori în relații, fie din cauze externe, fie interne. Acestea pot fi generate de experiențe anterioare negative sau de sentimente de insecuritate. Este important ca partenerii să abordeze aceste teme cu sinceritate, pentru a preveni deteriorarea relației.

Ce este respectul reciproc?

Respectul reciproc se referă la atitudinea de considerație și apreciere pe care partenerii o au unul față de celălalt. Acesta este un aspect fundamental care influențează modul în care partenerii interacționează și își rezolvă conflictele. Respectul nu înseamnă doar a accepta opiniile și dorințele partenerului, ci și a recunoaște valoarea și demnitatea acestuia ca individ.

Cum sa manifestăm respectul ?

1.*Ascultarea activă.*

Acordarea unei atenții totale partenerului în timpul comunicării este o formă de respect. Aceasta înseamnă să nu întrerupem și să arătăm interes pentru ceea ce spune celălalt.

2. *Acceptarea diferențelor.*

Fiecare individ are propriile sale valori, credințe și perspective. Acceptarea și aprecierea acestor diferențe este esențială pentru un respect reciproc.

3. Sprijinul emoțional.

A fi acolo pentru partener în momentele dificile demostrează nu doar empatie, ci și respect față de emoțiile și trăirile acestuia.

4. Grija față de nevoile celuilalt.

Respectul se manifestă și prin înțelegerea și satisfacerea nevoilor partenerului. Aceasta implică, de multe ori, și sacrificii din partea ambilor parteneri.

Lipsa de respect poate apărea sub formă de critici dure, dispreț sau indiferență. Aceste comportamente erodează rapid încrederea și pot duce la conflicte severe. De asemenea, respectul scăzut poate crea un climat de toxicitate în relație, afectând astfel sănătatea mentală și emoțională a ambilor parteneri.
Interdependența dintre încredere și respect
Încrederea și respectul sunt interconectate; una nu poate exista fără cealaltă. Atunci când încrederea scade, respectul poate fi compromis, iar viceversa.

De exemplu, dacă un partener își încalcă promisiunea, celălalt poate începe să nu mai aibă încredere în el și, implicit, să nu mai aibă respect pentru caracterul său.

Este crucial ca ambele valori să fie cultivate simultan. În acest sens, partenerii ar trebui să fie conștienți de impactul pe care comportamentele lor îl au asupra relației.

Strategii pentru cultivarea încrederii și respectului reciproc.

- *Comunicare deschisă și sinceră.*

Instituirea unui spațiu de comunicare liberă și sinceră, în care fiecare partener să se simtă în siguranță să își exprime gândurile și temerile.

- *Stabilirea limitelor.*

Fiecare partener ar trebui să stabilească limite clare și să le comunice celuilalt. Acest lucru ajută la prevenirea neînțelegerilor și la crearea unui climat de respect.

- *Practicarea empatiei.*

Încercarea de a înțelege perspectivele și emoțiile partenerului, ceea ce contribuie la întărirea legăturii reciproce.

- *Frecvența activităților comune.*

Petrecerea timpului împreună, prin activități care plac ambilor parteneri, poate întări conexiunea și poate construi încrederea.

- *Exprimarea recunoștinței.*

Micile gesturi de apreciere și recunoștință pot face minuni în ceea ce privește construirea respectului. A spune **"mulțumesc"** sau a recunoaște eforturile partenerului este esențial.

- ***Rezolvarea constructivă a conflictelor.***
Când apar neînțelegeri, este important ca partenerii să abordeze problemele cu un spirit constructiv, evitând atacurile personale și focusându-se pe soluții.
- ***Menținerea promisiunilor.***
A respecta angajamentele asumate este crucial pentru construirea și menținerea încrederii. Chiar și angajamentele mici trebuie respectate pentru a întări legătura.
- ***Sprijinul în dezvoltarea personală.***
Încurajarea partenerului să își urmeze pasiunile și interesele, făcând un efort activ de a-i susține visele și aspirațiile, demonstrează respect și încredere.

Încrederea și respectul reciproc sunt ingrediente vitale pentru o relație sănătoasă și durabilă. Construirea acestor valori necesită timp, efort și angajament din partea ambilor parteneri. O relație bazată pe încredere și respect nu doar că îmbunătățește conexiunea emoțională, dar și contribuie la fericirea și bunăstarea personală a fiecăruia. Prin implementarea unor strategii eficiente și prin menținerea unei comunicări deschise, fiecare cuplu poate cultiva aceste valori esențiale și poate construi o viață de cuplu împlinită.

Povestea Elenei și a lui George

Elena și George erau împreună de un an, dar aveau frecvent conflicte legate de muncă. George, un om pasionat de carieră, își dorea ca Elena să fie la fel de dedicată muncii. Într-o seară, la o cină cu prietenii, George a făcut o glumă despre cariera Elenei. Acesta a fost momentul în care Elena s-a simțit rănită și mai puțin apreciată. După o discuție sinceră între ei, George și-a dat seama că, fără respect reciproc, relația lor nu va supraviețui. De atunci, au început să se susțină unul pe celălalt, celebrând succesele profesionale și fiind înțelegători în momentele dificile.

PRINCIPIUL 3
Timpul petrecut împreună

PRINCIPIUL 3: Timpul petrecut împreună în cuplu.

- Activități și ritualuri care întăresc legătura emoțională în cuplu.
- Cum să găsești un echilibru între timpul petrecut împreună și cel petrecut separat.
- Idei pentru a reînvia intimitatea și a adăuga mai multă distracție relației.

***

Timpul petrecut împreună într-o relație de cuplu este esențial pentru construirea și menținerea unei legături emoționale profunde. De-a lungul vieții, fiecare dintre noi caută să găsească acea persoană specială alături de care să împărtășească momente pline de bucurie, tristețe, provocări și realizări.

Vom explora importanța timpului petrecut în cuplu, modul în care acesta influențează relația și strategiile prin care cuplurile pot să își valorifice timpul împreună.

- ***Construirea încrederii și intimității.***

Timpul petrecut împreună creează oportunități pentru a cunoaște mai bine partenerul. Aceste momente de conectare sunt fundamentale pentru construirea încrederii și intimității.

Partenerii care își dedică timp unul altuia au ocazia să împărtășească gânduri, sentimente și experiențe, ceea ce le permite să dezvolte o înțelegere profundă a personalităților lor.

- *Îmbunătățirea comunicării.*

Comunicarea este cheia în orice relație. Atunci când cuplurile își petrec timp împreună, au ocazia să discute deschis despre dorințele, nevoile și frustrările lor. Această comunicare deschisă contribuie la rezolvarea conflictelor și la prevenirea neînțelegerilor.

- *Crearea de amintiri comune.*

Amintirile sunt o parte esențială a relațiilor. Cuplurile care petrec timp împreună creează momente de neuitat, care devin fundația relației lor. Fie că este vorba de o vacanță, de o seară de film sau de o plimbare în parc, fiecare activitate contribuie la povestea lor comună.

- *Sprijin emoțional.*

Timpul petrecut împreună oferă un cadru propice pentru a oferi și a primi sprijin emoțional. În momentele dificile, partenerii care își petrec timp unul cu celălalt pot să se susțină reciproc, să își împărtășească frământările și să găsească soluții împreună.

- **_Întărirea legăturii fizice._**

Relațiile intime nu sunt doar emoționale; ele implică și un aspect fizic. Timpul petrecut împreună poate contribui la dezvoltarea atracției fizice și a intimității. Momentele de apropiere fizică, cum ar fi îmbrățișările, săruturile sau chiar simplele atingeri, întăresc legătura dintre parteneri.

Tipuri de activități pentru timpul petrecut împreună.

- **_Activități recreaționale._**

Participarea la activități recreaționale, cum ar fi sportul, drumețiile sau jocurile de societate, poate aduce o notă de distracție și bucurie relației. Aceste activități nu doar că ajută la relaxare, dar și la formarea unor noi amintiri.

- **_Gătitul împreună._**

Gătitul este o activitate care permite cuplurilor să își demonstreze creativitatea și să colaboreze în atingerea unui scop comun. Prepararea mesei poate fi o modalitate de a petrece timp de calitate împreună, de a dezvolta abilități de comunicare și de a se bucura de rezultatele muncii lor.

- *Călătorii.*

Călătoriile reprezintă o oportunitate fantastică de a explora lumea împreună. Fie că este vorba de o escapadă de weekend sau de o vacanță mai lungă, călătoriile pot contribui la întărirea legăturii dintre parteneri. Experiențele noi și aventurile create în timpul călătoriilor pot aduce o nouă dimensiune relației.

- *Activități culturale.*

Participarea la evenimente culturale, cum ar fi expoziții de artă, spectacole sau concerte, poate fi o modalitate excelentă de a petrece timp împreună. Aceste activități nu doar că oferă distracție, dar și ocazia de a discuta despre interese comune și de a învăța lucruri noi unul despre celălalt.

- *Îngrijirea reciprocă.*

Îngrijirea sănătății și bunăstării partenerului este o formă de dragoste și sprijin. Petrecerea timpului împreună la sală, în parc sau la o sesiune de yoga poate ajuta la crearea unei rutine sănătoase și la încurajarea unui stil de viață activ.

Provocările timpului petrecut împreună.

- *Rutina zilnică.*

Pe măsură ce viața devine din ce în ce mai aglomerată, cuplurile pot găsi că timpul petrecut împreună este din ce în ce mai limitat. Obligațiile profesionale, familiale sau sociale pot interfera cu momentele de calitate, ceea ce poate duce la sentimentul de deconectare.

- *Conflictul de interese.*

Fiecare partener are propriile sale interese și preferințe. Uneori, aceste diferențe pot duce la conflicte despre cum să își petreacă timpul împreună. Este important ca partenerii să învețe să negocieze și să găsească compromisuri pentru a se asigura că amândoi se simt împliniți.

- *Stresul.*

Stresul cotidian poate afecta calitatea timpului petrecut împreună. Problemele financiare, anxietatea legată de muncă sau alte presiuni externe pot face ca partenerii să fie mai puțin disponibili emoțional. Învățarea unor tehnici de gestionare a stresului este crucială pentru menținerea unei relații sănătoase.

- *Lipsa de comunicare.*

O comunicare deficitară poate duce la neînțelegeri și resentimente. Este important ca partenerii să fie deschiși și să comunice despre nevoile lor. Timpul petrecut împreună nu este suficient dacă nu este însoțit de o comunicare eficientă.

- *Așteptările nerealiste.*

Partenerii pot avea așteptări diferite în legătură cu timpul petrecut împreună. Este important să fie responsabili și să își comunice așteptările pentru a evita dezamăgirile.

Strategii pentru maximizarea timpului petrecut împreună:

- *Planificarea.*

Stabilirea unor momente speciale în calendar pentru a petrece timp de calitate împreună este esențială. Acest lucru poate fi sub forma unei întâlniri săptămânale sau a unor activități lunare planificate. A avea un timp dedicat poate ajuta la crearea unor așteptări.

- *Folosirea tehnologiei.*

În era digitală, tehnologia poate fi un aliat în menținerea unei conexiuni. Utilizarea aplicațiilor de mesagerie, apelurile video sau programarea unor activități online pot ajuta partenerii să rămână aproape, chiar și atunci când sunt la distanță.

- ***Prioritizarea relației.***

Este esențial ca fiecare partener să își prioritizeze relația. Asta înseamnă să facă din timpul petrecut împreună o prioritate, indiferent de provocările externe. Angajamentul față de relație va întări dorința de a petrece timp împreună.

- ***Exprimarea aprecierii.***

Timpul petrecut împreună ar trebui să fie însoțit de exprimarea aprecierii. Recunoștința față de partener pentru momentele petrecute împreună contribuie la întărirea legăturii emoționale.

- ***Flexibilitatea.***

Fie că este vorba despre modificarea planurilor sau de adaptarea activităților în funcție de dispoziția partenerului, flexibilitatea este cheia. A fi dispus să te adaptezi și să găsești soluții creative poate face din fiecare moment împreună o experiență plăcută și memorabilă.

Timpul petrecut împreună într-o relație de cuplu este esențial pentru construirea unei legături profunde și durabile. Această legătură nu se formează peste noapte, ci este rezultatul investiției și dedicării fiecărui partener. Prin activități comune, comunicare deschisă și sprijin emoțional, cuplurile pot să își îmbunătățească relația și să creeze amintiri de neuitat. Deși provocările sunt inevitabile, strategiile menționate anterior pot ajuta la maximizarea vremii petrecute împreună și la întărirea legăturii dintre parteneri.

Timpul petrecut împreună nu este doar un simplu element al relației, ci, în esență, fundația pe care se construiește dragostea și parteneriatul.

Povestea lui Cosmin și a Lidiei

Cosmin și Lidia erau amândoi oameni ocupati, cu slujbe solicitante și multe responsabilități. De multe ori se întâlneau doar pentru a lua cina și a discuta despre planurile de a doua zi. Într-un weekend, după ce au fost invitați la o nuntă, au realizat că nu au mai petrecut timp de calitate împreună de mult timp. Au decis să-și aloce o seară pe săptămână, dedicată explorării orașului sau gătitului împreună.
Această inițiativă le-a adus un suflu nou în relație, umplându-le zilele de bucurie și întărind legătura dintre ei.

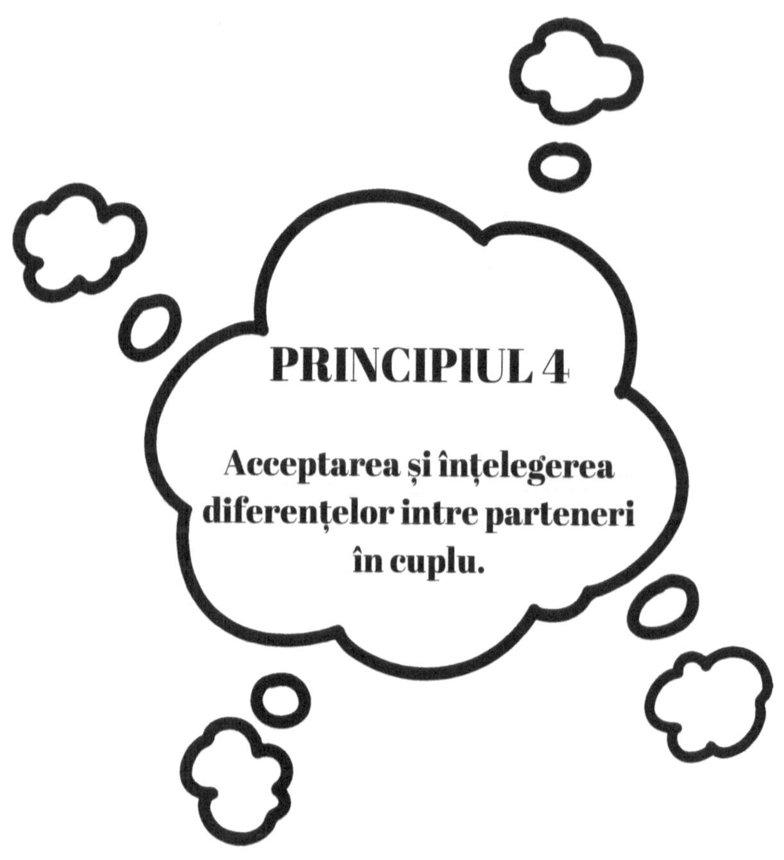

PRINCIPIUL 4

Acceptarea și înțelegerea
diferențelor intre parteneri
în cuplu.

PRINCIPIUL 4: _Acceptarea și înțelegerea diferențelor intre parteneri în cuplu._

- Cum să gestionăm conflictele generate de diferențele dintre parteneri.
- Strategii pentru a învăța din punctele forte ale partenerului.

***

Într-o relație de cuplu, partenerii vin din fundaluri diferite, având experiențe de viață, valori și perspective unice. Această diversitate poate aduce atât provocări, cât și oportunități de creștere. Acceptarea și înțelegerea diferențelor dintre parteneri este esențială pentru construirea unei relații sănătoase și durabile.

Vom explora importanța acestei acceptări, impactul pe care îl are asupra relației și modalitățile prin care cuplurile pot învăța să navigheze prin aceste diferențe.

Importanța acceptării diferențelor

- *Diversitatea ca fundament al relației.*

Diferențele dintre parteneri pot fi privite ca un principiu fundamental al diversității. Fiecare individ are propriile caracteristici, care pot deriva din cultura, educația, experiențele anterioare și valorile personale. Acceptarea acestor diferențe nu doar că îmbogățește relația, dar îi oferă și o bază solidă pe care partenerii pot construi.

- ***Creșterea personală.***

Acceptarea diferențelor nu se referă doar la a tolera trăsăturile partenerului, ci și la a învăța de la acesta. Dialogul deschis despre perspective diferite poate stimula creșterea personală și dezvoltarea individuală. Partenerii pot învăța lucruri noi, pot adopta valori și pot experimenta situații dincolo de zona lor de confort.

- **Îmbunătățirea comunicării.**

Atunci când partenerii acceptă și înțeleg diferențele, comunicarea dintre ei devine mai eficientă. În loc să se concentreze pe critici sau neînțelegeri, cei doi pot explora împreună modul în care pot colabora, astfel încât să beneficieze amândoi de perspectivele celuilalt. Această abordare promovează un climat de încredere și deschidere.

Provocările diferențelor

1. Conflictul de valori.

Unul dintre cele mai comune motive de dispută în cupluri este conflictul de valori. Acesta poate apărea, de exemplu, în privința educației copiilor, a modului de a gestiona finanțele sau a principiilor religioase.

Partenerii trebuie să recunoască faptul că, deși pot avea valori diferite, este esențial să găsească un teren comun.

2. *Stiluri de comunicare.*

Fiecare persoană are un stil de comunicare diferit, iar aceste stiluri pot provoca neînțelegeri. Un partener poate fi mai direct în exprimarea sentimentelor, în timp ce celălalt poate prefera un mod mai reflexiv. Este important ca amândoi partenerii să fie conștienți de aceste stiluri și să încerce să se adapteze unul la altul.

3. Așteptările sociale.

Așteptările din partea societății sau a familiei pot influența modul în care partenerii își percep diferențele. Multe cupluri se confruntă cu judecăți exterioare privind modul în care își conduc relația, ceea ce poate crea stres și tensiune. Este important ca partenerii să discute deschis despre aceste așteptări și să decidă împreună ce este cel mai bine pentru relația lor.

Strategii pentru acceptarea și înțelegerea diferențelor

1. Comunicați deschis.

Un dialog deschis este esențial pentru a înțelege perspectiva partenerului. Practicați ascultarea activă, arătându-vă interesul pentru sentimentele și opiniile acestuia. Puneți întrebări și clarificați aspectele care nu sunt bine înțelese.

2. Acceptarea autentică.

Acceptarea nu înseamnă doar toleranța diferențelor, ci și aprecierea lor. Recunoașteți contribuția partenerului la relație și exprimați-vă aprecierea pentru caracteristicile care vă diferențiază.

3. Căutați soluții de compromis.

Adesea, diferitele perspective pot fi reconciliate prin găsirea unui compromis. Colaborați pentru a găsi soluții care să reflecte nevoile ambelor părți. Aceasta poate implica, de exemplu, stabilirea unor reguli de comunicare sau a unor modalități de a gestiona timpul petrecut împreună și separat.

4. Exersați empatia.

Empatia este cheia înțelegerii diferențelor. Încercați să vă puneți în locul partenerului și să înțelegeți sentimentele și reacțiile acestuia.

5. Îmbunătățiți-vă abilitățile de rezolvare a conflictelor.

Dezvoltarea abilităților de gestionare a conflictelor este crucială într-o relație. Învață să identificați și să abordați diferențele într-un mod constructiv, astfel încât fiecare partener să se simtă auzit și respectat.

6. Investiți timp în relație

Petrecerea timpului de calitate împreună ajută la consolidarea legăturii emoționale și facilitează acceptarea diferențelor. Realizați activități care vă plac amândurora, și explorați noi interese comune.

Acceptarea și înțelegerea diferențelor dintre parteneri este o calitate fundamentală a unei relații de succes. Această acceptare nu doar că îmbunătățește calitatea relației, dar contribuie și la creșterea personală și la dezvoltarea comună. Este important ca partenerii să comunice deschis, să exerseze empatia și să caute soluții de compromis. În cele din urmă, diversitatea adusă de fiecare partener poate fi o sursă de bogăție și împlinire în relație.

Povestea Teodorei și a lui Dan

Teodora era o persoană organizată și planificată, în timp ce Dan era spontan și mai puțin atent la detalii. La început, aceste diferențe le-au creat neplăceri, cu Teodora simțindu-se copleșită de stilul de viață relaxat al lui Dan.

Într-o zi, când au fost invitați la o excursie, Teodora s-a enervat că Dan s-a prezentat fără să pregătească nimic. După o discuție deschisă, și-au dat seama că fiecare stil are avantajele sale. Teodora a învățat să se bucure de spontaneitate, iar Dan a început să planifice mai mult. Această acceptare a diferențelor a adus un nou echilibru relației lor.

PRINCIPIUL 5

Susținerea emoțională și
sprijinul în cuplu.

PRINCIPIUL 5: *Susținerea emoțională și sprijinul în cuplu.*

- Cum să fii un partener de suport în momentele dificile in relații.
- Modalități prin care să oferi și să primești sprijin emoțional.
- Rolul încurajării reciproce în realizarea visurilor și obiectivelor personale.

***

În relațiile romantice, susținerea emoțională și sprijinul reciproc sunt fundamentale pentru dezvoltarea și menținerea unei legături sănătoase și durabile. Cuplurile care își oferă sprijin emoțional pot dezvolta o conexiune mai profundă, bazată pe încredere, respect și empatie. Acest text va explora importanța susținerii emoționale în relații, modul în care aceasta poate fi exprimată, beneficiile ei și strategiile prin care cuplurile își pot îmbunătăți această dimensiune esențială a relației lor.

Susținerea emoțională se referă la oferirea de confort, înțelegere și empatie partenerului de viață. Aceasta joacă un rol crucial în construirea unei relații solide și fericite.

Iată câteva motive pentru care susținerea emoțională este atât de importantă:

- ***Conexiune și Intimitate.***

Atunci când partenerii își oferă sprijin emoțional, se creează un sentiment de apropiere și intimitate. Această conexiune profundă ajută la întărirea relației și la consolidarea legăturii dintre parteneri.

- ***Gestionarea Stresului.***

În momentele dificile, sprijinul emoțional poate reduce nivelul de stres și anxietate. Un partener care ascultă și oferă susținere poate face față mai ușor provocărilor zilnice.

- ***Îmbunătățirea Sănătății Mintale.***

Relațiile în care există susținere emoțională sunt mai puțin inclinate către probleme de sănătate mintală. Partenerii care se sprijină reciproc au o stare de bine psiho-emoțională mai bună.

- ***Rezolvarea Conflictelor.***

Oferirea de susținere emoțională poate facilita comunicarea deschisă și onestă. Aceasta ajută la gestionarea și rezolvarea conflictelor într-un mod constructiv.

- *Încurajarea Creșterii Personale.*

Partenerii care primesc sprijin emoțional sunt mai predispuși să își urmărească obiectivele personale și să se dezvolte.

Susținerea din partea partenerului poate încuraja asumarea de riscuri și explorarea de noi oportunități.

Există numeroase modalități prin care cuplurile pot oferi și primi sprijin emoțional.

Fiecare persoană are propriile nevoi și preferințe, iar înțelegerea acestora este esențială.

<u>**Iată câteva modalități comune de exprimare a susținerii emoționale:**</u>

- *Ascultarea Activă.*

Oferirea unei urechi ascultătoare este una dintre cele mai simple și eficiente modalități de a oferi sprijin emoțional. Ascultarea activă implică nu doar auzirea cuvintelor, ci și înțelegerea sentimentelor și emoțiilor din spatele acestora. Prin întrebări deschise și confirmări empatice, partenerii pot valida emoțiile celuilalt.

- *Împărtășirea Emoțiilor.*

Fie că este vorba de bucurie, tristețe, frică sau furie, împărtășirea emoțiilor cu partenerul este esențială.

Aceasta ajută la construirea unei legături mai profunde și permite ambilor parteneri să se simtă înțeleși și acceptați.

- *Sprijin Fizic.*

Gesturile fizice, precum îmbrățișările, atingerea sau pur și simplu prezența, pot transmis un mesaj puternic de susținere. Contactul fizic este adesea reconfortant și poate reduce sentimentul de singurătate.

- *Validarea Emoțiilor.*

Este important ca partenerii să valideze emoțiile celuilalt, chiar dacă nu le înțeleg pe deplin. Acest lucru poate implica expresia unei înțelegeri a trăirilor celuilalt și asigurarea că acestea sunt normale și valide.

- *Oferirea de Sprijin Practic.*

Uneori, sprijinul emoțional poate include ajutarea partenerului cu sarcini practice sau oferirea de soluții. Acest tip de sprijin poate ajuta la reducerea stresului și la creșterea sentimentului de securitate.

Beneficiile Susținerii Emoționale

Beneficiile susținerii emoționale sunt variate și pot influența pozitiv atât relația, cât și bunăstarea individuală a partenerilor.

<u>Iată câteva dintre cele mai importante beneficii:</u>

- *Creșterea satisfacției relaționale.*
Studiile au arătat că cuplurile care oferă și primesc sprijin emoțional au niveluri mai ridicate de satisfacție în relație.

- *Îmbunătățirea stării de spirit.*
Sprijinul emoțional poate îmbunătăți starea de spirit a partenerilor, ajutându-i să facă față mai ușor situațiilor dificile. Aceasta poate reduce riscul depresiei și al altor probleme de sănătate mintală.

- *Consolidarea Încrederii.*
Oferirea de susținere emoțională contribuie la construirea unei încrederi reciproce între parteneri. Această încredere este esențială pentru o relație sănătoasă și fericită.

- *Îmbunătățirea comunicării.*
Partenerii care se sprijină reciproc dezvoltă abilități mai bune de comunicare. Aceasta facilitează discuții deschise și oneste, esențiale pentru rezolvarea conflictelor.

- *Furnizarea de resurse emoționale.*
Susținerea emoțională ajută partenerii să își gestioneze mai bine emoțiile și să dezvolte strategii eficiente de coping în fața stresului și a adversităților.

Îmbunătățirea sprijinului emoțional în relație necesită eforturi constante din partea ambilor parteneri.

<u>Iată câteva strategii utile pentru a construi o relație mai solidă și mai plină de sprijin emoțional:</u>

- ***Comunicarea deschisă.***

Partenerii ar trebui să discute despre nevoile și așteptările lor în privința susținerii emoționale. Aceasta implică exprimarea clară a dorințelor și nevoilor, fără a se teme de reacțiile celuilalt.

- ***Practicarea empatiei.***

Încercarea de a vedea lucrurile din perspectiva partenerului este esențială pentru a înțelege mai bine nevoile emoționale ale acestuia. Empatia ajută la construirea unei legături profunde și solide.

- ***Investiția în timpul împreună.***

Petrecerea timpului de calitate împreună, prin activități care sunt plăcute ambilor parteneri, poate întări legătura emoțională. Acest timp împreună oferă ocazia de a vă cunoaște mai bine și de a discuta despre dorințele și temerile voastre.

- ***Sprijinul în momente dificile.***

A fi acolo pentru partener în momentele de criză sau atunci când se simte copleșit este o modalitate puternică de a oferi susținere emoțională. Fie că este vorba de o problemă profesională sau de o situație personală delicată, prezența emoțională este crucială. Învățarea Reglementării Emoționale: Atât partenerii, cât și ei înșiși ar trebui să învețe cum să gestioneze și să regleze emoțiile. Aceasta poate include tehnici de relaxare, mindfulness sau exerciții fizice care ajută la reducerea stresului.

Susținerea emoțională și sprijinul în cuplu sunt elemente esențiale pentru construirea unei relații sănătoase, durabile și satisfăcătoare. Oferirea și primirea sprijinului emoțional contribuie la întărirea legăturii dintre parteneri, îmbunătățirea stării de bine și gestionarea stresului. Prin comunicare deschisă, practici de empatie și investiția în timp de calitate, cuplurile pot spori gradul de sprijin emoțional și pot crea un mediu în care ambii parteneri se simt înțeleși, apreciați și susținuți. Aceasta nu doar că îmbunătățește relația, ci și contribuie la dezvoltarea personală și emoțională a fiecărui individ.

Povestea Iuliei și a lui Victor

Iulia și Victor treceau printr-o perioadă dificilă, după ce Iulia a pierdut un membru al familiei. La început, Victor nu știa cum să reacționeze: voia să fie acolo pentru Iulia, dar nu știa ce să spună sau cum să o ajute. Într-o seară, s-a supărat și a spus că se simte neputincios. Iulia, în schimb, i-a spus că nu îi cere să rezolve problema, ci doar să fie alături de ea.

De atunci, Victor a început să o asculte mai mult, să-i ofere sprijin emoțional și să îi fie un umăr pe care să plângă. Aceasta le-a întărit relația, demonstrându-le că sprijinul reciproc este crucial în momentele greu încercate.

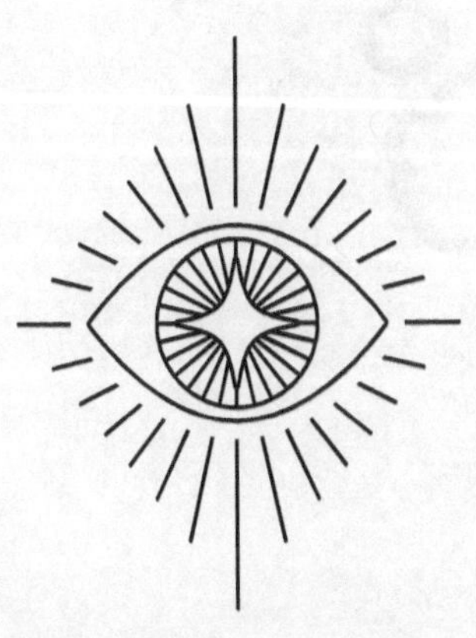

PRINCIPIUL 6

Creșterea personală și
călătoria comună în cuplu.

PRINCIPIUL 6: <u>Creșterea personală și călătoria comună în cuplu.</u>

- Cum să sprijini creșterea personală a partenerului.
- Modalități de a învăța și a evolua împreună ca și cuplu.

***

Creșterea personală reprezintă un concept din ce în ce mai popular în societatea contemporană, iar evoluția individului nu doar că influențează viața personală, dar are un impact profund asupra relațiilor interumane, în special asupra relațiilor de cuplu. O călătorie comună în cuplu este, în esență, un dans delicat între doi parteneri care își aduc contribuția unică la construcția unei relații sănătoase și durabile. În această lucrare, vom explora nevoia de creștere personală în contextul relațiilor de cuplu, tipologiile acestor călătorii comune, provocările întâmpinate, dar și modalitățile de a transforma dificultățile în oportunități de dezvoltare.

Importanța creșterii personale

- *Definiția creșterii personale.*

Creșterea personală se referă la procesul prin care o persoană își îmbunătățește abilitățile, cunoștințele, atitudinile și comportamentele. Este o călătorie de auto-descoperire care implică învățare continuă, evoluție emoțională și spirituală.

- ***Dezvoltarea personală ca fundament al relațiilor sănătoase.***

Oamenii care investesc în dezvoltarea personală tind să aibă o mai bună înțelegere de sine, să fie mai empatici și să comunice mai eficient. Toate aceste abilități sunt esențiale pentru a construi relații sănătoase, bazate pe respect și încredere reciprocă.

- ***Interdependența creșterii personale și a relațiilor de cuplu.***

Atunci când ambele persoane dintr-un cuplu investesc în propria creștere, relația beneficiază de pe urma diversității experiențelor și a perspectivei fiecăruia. Aceasta generează un mediu propice pentru dezvoltare reciprocă.

Călătoria comună în cuplu

Călătoria comună în cuplu se referă la experiențele și provocările pe care un partener le împărtășește cu celălalt. Acest parcurs poate include momente de bucurie, dificultăți, realizări și lecții învățate împreună.

Tipuri de călătorii comune:

- *Călătorii emoționale.*

Experiențele de viață care afectează emoțional partenerii, cum ar fi nașterea unui copil, pierderea unei persoane dragi sau schimbări majore în viață.

- *Călătorii de dezvoltare.*

Activitățile în care partenerii participă împreună pentru a se dezvolta, cum ar fi cursuri, seminarii, traininguri sau activități de voluntariat.

Beneficiile călătoriei comune:

- *Îmbunătățirea comunicării.*

Trecerea prin experiențe comune facilitează discuțiile deschise și sincere.

- *Consolidarea legăturilor emoționale.*

Participarea la activități comune creează amintiri plăcute și întărește atașamentul.

- *Învățarea din provocări.*

fiecare obstacol întâmpinat pe parcurs poate fi o oportunitate pentru creștere și adaptare.

Provocările întâmpinate în călătoria comună

1. *Diferențele individuale.*
 Fiecare partener vine într-o relație cu un set unic de valori, credințe și experiențe. Aceste diferențe pot genera conflicte dacă nu sunt gestionate cu empatie și deschidere.
2. Comunicarea ineficientă.
O comunicare slabă poate duce la neînțelegeri, resentimente și, în final, la deteriorarea relației. Este esențial ca partenerii să dezvolte abilități de comunicare eficientă, să asculte activ și să își exprime nevoile și dorințele într-un mod constructiv.
3. Provocările externe.
Stresul de la locul de muncă, presiunile sociale sau familiale și alte responsabilități externe pot afecta negativ relația. Partenerii trebuie să găsească modalități de a face față acestor provocări împreună.

Exemple de creștere personală în cuplu

1. *Cursuri de dezvoltare personală:*
   Participarea împreună la cursuri de gătit, fotografie sau artă poate deschide noi perspective și poate îmbogăți experiența de cuplu.

2. *Activități fizice comune.*
Fie că este vorba de mers la sală, yoga, drumeții sau dans, activitățile fizice contribuie nu doar la sănătatea fizică, dar și la buna dispoziție și la întărirea legăturii dintre parteneri.

3. *Proiecte comune.*
Lucrul împreună la un proiect, cum ar fi renovarea unei camere sau plantarea unui grădinițe, poate duce la întărirea colaborării și la descoperirea abilităților ascunse ale fiecăruia.

Călătoria comună în cuplu este un proces complex, dar extrem de împlinitor. Creșterea personală a fiecărui partener joacă un rol semnificativ în succesul acestei călătorii. Prin investiția în dezvoltarea individuală și prin abordarea provocărilor cu o atitudine deschisă și empatică, partenerii pot construi o relație sănătoasă, bazată pe respect, iubire și susținere reciprocă.

Această călătorie nu este doar despre a naviga împreună prin viață, ci și despre a crește individual și împreună, transformând fiecare experiență, fie ea pozitivă sau negativă, într-o lecție valoroasă.

În concluzie, creșterea personală și călătoria comună în cuplu sunt interdependente. Fiecare partener care își dă seama de importanța dezvoltării personale contribuie nu doar la propria fericire, ci și la fericirea și împlinirea relației. Aceasta este cheia unei călătorii de succes în doi, o călătorie care, deși poate fi provocatoare.

Povestea lui Radu și Ana

Radu și Ana au avut parte de un an cu multe provocări, dar și cu multe momente de bucurie. Radu a obținut o promovare, iar Ana a descoperit că va deveni mamă. La început, Radu se teme să împărtășească această veste bună, gândindu-se că poate Ana nu va fi la fel de entuziasmată din cauza sarcinii. Dar atunci când a decis să-i spună, Ana a sărit în brațele lui de fericire. Pe de altă parte, atunci când Ana a avut crampe severe în timpul sarcinii, Radu a stat lângă ea, sprijinind-o emoțional.

Această experiență le-a întărit legătura, făcându-i să înțeleagă cât de important este să împărtășești atât bucuriile, cât și durerile cu partenerul.

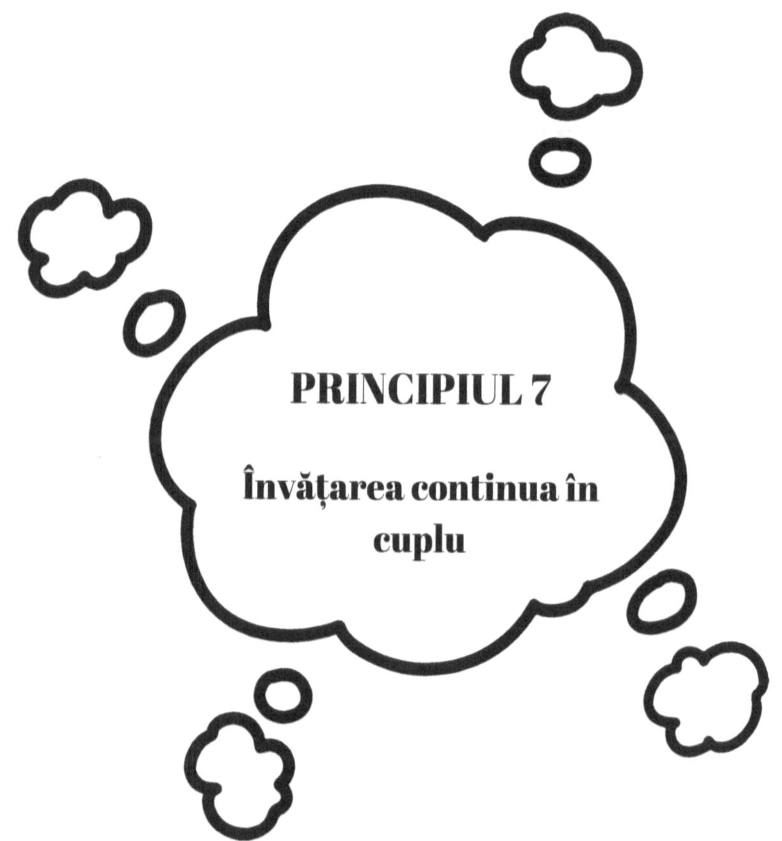

PRINCIPIUL 7

Învățarea continua în cuplu

PRINCIPIUL 7: <u>Învățarea continua în cuplu.</u>

- Practici zilnice pentru învățarea continua în cuplu.
- Cum să transformi lucrurile mici în momente de bucurie.

***

Învățarea continuă în cuplu este un concept esențial care se referă la procesul prin care partenerii se dezvoltă, evoluează și se adaptează împreună pe parcursul relației lor. Această formă de învățare nu se limitează doar la acumularea de cunoștințe și abilități, ci include și dezvoltarea emoțională, comunicarea eficientă, gestionarea conflictelor și întărirea legăturilor interumane. Vom explora importanța învățării continue în cuplu, modalitățile prin care aceasta poate fi implementată și beneficiile acesteia pentru relația de lungă durată.

Evoluția personală și în cuplu

Într-o lume în côntinuă schimbare, este inevitabil ca indivizii să evolueze pe parcursul vieții lor. Această evoluție personală poate fi influențată de numeroși factori, cum ar fi experiențele de viață, mediul social, cariera și, desigur, relațiile interumane. În acest context, învățarea continuă devine crucială pentru a menține conexiuni sănătoase și angajante într-o relație de cuplu.

Atunci când partenerii se angajează în procese de învățare și dezvoltare, aceasta le permite să se cunoască mai bine unul pe celălalt, să-și înțeleagă nevoile și dorințele și să-și aline în mod mai eficient sentimentele. Astfel, învățarea devine un instrument pentru creșterea și întărirea legăturii emoționale între parteneri.

Empatia este cheia unei comunicări eficiente într-o relație. În cadrul învățării continue, partenerii învață nu doar să se asculte, ci și să se pună în locul celuilalt. Această capacitate de a înțelege perspectiva și emoțiile partenerului contribuie la dezvoltarea unei relații armonioase și empatice.

Prin diverse tehnici, cum ar fi discuțiile deschise, exercițiile de rol sau chiar terapia de cuplu, partenerii își dezvoltă abilitatea de a empatiza unii cu ceilalți. Aceasta ajută la prevenirea neînțelegerilor și la întărirea legăturilor emoționale.

Schimbările sunt inevitabile în viața oricărei persoane și, implicit, în relațiile de cuplu.

Fie că este vorba despre schimbări de carieră, relocări, nașterea copiilor sau alte evenimente importante, partenerii trebuie să fie capabili să se adapteze la noi realități. Învățarea continuă ajută la formarea unor abilități de adaptabilitate, care sunt esențiale pentru menținerea unei relații sănătoase. Comunicarea este fundamentul oricărei relații. Fără o comunicare clară și deschisă, partenerii se pot îndepărta unul de celălalt, ceea ce poate conduce la neînțelegeri și conflicte. Învățarea continuă înseamnă și dezvoltarea abilităților de comunicare. Aceasta poate include tehnici de ascultare activă, formularea feedback-ului constructiv și exprimarea clară a emoțiilor și nevoilor.

Modalități de implementare a învățării continue în cuplu

Începerea unui proces de învățare continuă necesită voință și angajament din partea ambilor parteneri. Iată câteva modalități prin care aceștia pot integra învățarea în relația lor:

- ***Stabilirea obiectivelor comune.***

Un prim pas în învățarea continuă în cuplu este stabilirea de obiective comune. Acestea pot fi legate de viitorul familiei, carieră, dezvoltare personală sau orice alt domeniu care îi interesează pe amândoi. Discutarea acestor obiective și stabilirea unor pași concreți pentru atingerea lor poate contribui la întărirea legăturii dintre parteneri.

- ***Participarea la cursuri sau ateliere.*** Învățarea poate fi un proces formal, care include participarea la cursuri sau ateliere. Există multe opțiuni disponibile, fie că este vorba despre cursuri de dezvoltare personală, ateliere de comunicare, terapii de cuplu sau activități care implică dezvoltarea abilităților practice. Participarea împreună la astfel de activități nu doar că îi ajută să învețe, dar le oferă și oportunități de a se conecta și de a crea amintiri comune.

- ***Lectura și discuțiile*** Citirea cărților despre relații, dezvoltare personală sau alte subiecte de interes comun poate stimula învățarea. Discuțiile despre ceea ce au citit pot ajuta partenerii să împărtășească perspectivele lor, să-și exprime propriile gânduri și să se înțeleagă mai bine. Aceste conversații nu doar că dezvoltă cunoașterea, ci și întăresc legăturile interumane.

- ***Practicarea activităților noi.***

Experiențele noi sunt o formă excelentă de învățare. Încercarea unor activități noi împreună, cum ar fi sporturi, hobby-uri sau călătorii, poate aduce dinamism în relație. Aceste experiențe comune le oferă partenerilor amintiri valoroase și oportunități de a învăța unul de la celălalt.

- ***Feedback constructiv.***

Învățarea continuă implică și acceptarea feedback-ului constructiv. Partenerii ar trebui să fie deschiși la a oferi și a primi feedback cu privire la comportamentele, dorințele și așteptările lor. Comunicarea onestă și deschisă este cheia pentru creșterea personală și evoluția relației.

Beneficiile învățării continue

Învățarea continuă în cuplu aduce numeroase beneficii, care contribuie la o relație sănătoasă și împlinită.

1. **Îmbunătățirea comunicării.**

Un aspect esențial al relațiilor sănătoase este comunicarea eficientă. Prin învățarea continuă, partenerii dezvoltă abilități de a-și exprima gândurile și emoțiile într-un mod clar și respectuos. Aceasta conduce la reducerea neînțelegerilor și la crearea unui mediu favorabil dezbaterilor constructive.

2. *Creșterea satisfacției în relație.*

Cu o comunicare mai bună și o mai bună înțelegere a nevoilor și dorințelor partenerului, satisfacția în relație crește. Partenerii care se angajează în învățarea continuă și în dezvoltarea personală sunt mai predispuși să se simtă împliniți în relația lor.

3. *Gestionarea eficientă a conflictelor.*

Conflictul este o parte inevitabilă a oricărei relații. Învățarea continuă oferă partenerilor instrumentele necesare pentru a gestiona eficient aceste conflicte. Prin dezvoltarea abilităților de negociere, ascultare activă și empatie, partenerii pot găsi soluții constructive și pot evita escaladarea disputelor.

4. *Crearea unei legături mai profunde.*

Învățarea continuă ajută la consolidarea legăturii emoționale dintre parteneri. Prin explorarea și descoperirea noi dimensiuni ale relației, partenerii se familiarizează mai profund cu nevoile și dorințele celuilalt, ceea ce contribuie la crearea unei legături mai strânse.

5. Creșterea încrederii.
Încrederea este un element fundamental al oricărei relații stabile. Prin angajamentul față de învățarea continuă, partenerii arată că sunt dispuși să investească timp și efort în relație. Această atitudine pozitivă contribuie la creșterea încrederii și la întărirea legăturii.
6. Adaptabilitate la schimbare.
Partenerii care se angajează în învățarea continuă devin mai flexibili și mai capabili să facă față schimbărilor care apar în viața lor. Aceasta le permite să se adapteze împreună la diversele provocări, întărind astfel relația.

Învățarea continuă în cuplu nu reprezintă doar o opțiune, ci este o necesitate pentru menținerea unei relații sănătoase și echilibrate. Aceasta oferă partenerilor oportunitatea de a evolua împreună, de a spori satisfacția și de a construi o legătură mai profundă. Prin angajamentul față de învățare și dezvoltare, partenerii își pot transforma relația într-un parteneriat plin de susținere, empatie și fericire.
Într-o lume în continuă schimbare, capacitatea de a învăța și de a ne adapta împreună devine un atu esențial pentru durabilitatea relațiilor de cuplu.

Povestea Oanei și a lui Mihai

Oana și Mihai erau căsătoriți de zece ani și au hotărât să participe împreună la un curs de dezvoltare personală. La început, fiecare a avut rețineri; Oana dorea să învețe mai multe despre mindfulness, în timp ce Mihai nu era prea entuziasmat de idee. Totuși, s-au decis să își acorde o șansă și au început să participe la cursuri împreună. În timpul acestor sesiuni, și-au descoperit pasiuni comune și au învățat tehnici de comunicare eficientă. Această experiență le-a oferit nu doar cunoștințe noi, ci și o nouă viziune asupra relației lor. Au realizat că învățarea continuă și evoluția sunt esențiale pentru a menține flacăra iubirii aprinsă.